책 만 드 는 집 시 인 선 110

바람이 사람 같다

이 광 시 집

책만드는집

| 시인의 말 |

짊어진 짐 부려놓듯 시집을 묶는다.

지금 오랜만에 맨몸의 시간이다.

홀가분하면서도 허술한 구석이 보여 개운하지 않다.

하지만 그마저도 툭 털어낸 맨몸이다.

여전히 지고 가야 할 짐이 눈에 선한 현실을 바라본다.

마음은 다시 거리로 나설 채비를 하고 있다.

짐꾼에겐 짧은 휴식이 주어질 뿐.

—2018년 5월

이광

| 차례 |

1부 못 가네, 사랑 없이는

2부 부신 해에 가린 생

3부 내 마음 양지바른 곳

4부 기억도 정거장 있어

5부 나 또한 내게 속았지

1부

못 가네, 사랑 없이는

징검돌

띄엄띄엄 이어놓아 물길을 끊지 않고
흐르는 물도 비켜 길 한쪽 내어준다

여울진 생을 앞서간
그가 나를
부른다

현관

문밖엔
늘 헤쳐 온 파도가 넘실댄다

바다도 뭍도 아닌
여기는 작은 선창

그물질
지친 몸 부릴
배를 댄다

집이다

바람이 사람 같다

신명은 어찌 못 해 산에 들에 죄다 풀고

부아가 치밀 때면 회오리 들이민다

사람이 그리운 날은 애먼 창만 두드린다

때로는 갈 데 없는 떠돌이로 터벅댄다

너 떠나 텅 빈 길을 구르는 가랑잎이

바람의 발꿈치인 양 가다 서고 가다 선다

갈대촌

없이도 살 만한가 찾다 보니 막다른 곳
큰물 지던 강기슭에 일가를 이룬 갈대
한 이웃 부들하고는 너나없이 지낸다

떠돌던 실바람도 겨울 나러 찾는 수풀
갈대는 이삭으로 햇살 족족 쓸어 모아
바람이 한 철 날 양식 머리 이고 맞는다

강물은 숨 고르며 늘 바다로 가고 있고
뻘밭에 발이 묶여 벗어날 길 없는 갈대
무시로 제 몸을 저어 서로서로 도닥인다

결빙

개울도 흐르다가 발 시릴 때가 온다
다시 올 봄은 멀어 지그시 눈 감으면
안으로 스미는 냉기
물살 차츰 굳어간다

사뿐히 밟고 오는 발소리에 가슴 뛴다
세상일 잠시 잊고
저 아래 길을 둔 채

못 가네, 사랑 없이는
꿈을 꾸는 물이 있다

강, 2017년

푸른 숨결 살아 있는 물줄기 지키려면
쌓인 죄 얽힌 세상 더불어 뉘우치자
사방이 녹조로 덮여 오도 가도 못하는 길

햇살이 그물 펼쳐 은빛 물결 눈부신 날
어우러져 부른 노래 그게 다 꿈이었나
유유히 굽이치던 강 횟배 앓고 누웠다

뒤틀린 흐름 앞에 돌이킬 수 없는 물길
수년째 웅크린 몸 이제야 털고 선다
소통을 가로막다가 마침내 열린 수문

보금자리

잔가지 집어 물고 공중을 나는 까치
집 장만 한다는 건 새들도 큰일거리
그래도 집세 걱정은 너네는 않고 살지

전세금 더 낮추어 이사할 집 찾는 최 씨
새라면 훨훨 날다 깃들이면 그만인데
벽보판 전월세방엔 눈 맞출 데가 없다

새끼들 커가면서 채 펼치지 못한 날개
언젠간 날아오를 꿈만은 접지 마라
달동네 가파른 길도
올라서니 훤하다

산만디*

사람은 길을 닮고 길은 사람 닮아간다
자드락 오르느라 고샅도 굽은 허리
늙은이 혼자 살다가 빈집 하나 남기는 곳

반생을 잡일하다 무릎 저는 정순 할매
슬레이트 지붕 아래 곰팡이꽃 만발한 방
빛바랜 아들딸 사진 얼룩진 채 걸려 있다

너절한 궁색마저 봄볕에 환한 언덕
바람은 불어와서 겉만 슬쩍 훑다 가고
밤이면 집 떠난 새들 둥지 속의 별로 뜬다

* '산언덕'의 경상도 사투리.

홍시

익기를 기다리며
푸르던 날은 가고

들리나요
가슴의 말
꼭 껴안아 뭉클한 말

익어서
잊지 못해서
그대 앞에 붉어진 시詩

항아리

듬직하던 몸가짐도 이젠 그저 빈둥빈둥
된장독 고추장독 제 이름 다 잊은 채
어느덧 뒷방 늙은이 치매를 앓고 있다

어머니 계실 적엔 조붓해도 오붓했다
아파트 베란다가 유배지로 변한 이후
속엣것 다 비워내고 배어 있는 공복감

더 갈 데 없는 구석 내몰린 애물단지
장독대 볕 좋던 날 더듬는 발길 있다
조심히, 금 간 뚜껑을 열어보는 아버지

산행

읽지 않은 책들만큼 널려 있는 수많은 산
한창 땐 능선 타는 종주도 해봤지만
첩첩이 이어진 문맥 따라가질 못했다

점쟁이 말마따나 역마살 끼인 날들
이 산 기웃 저 산 기웃 연이은 섭렵에도
뚜렷이 밑줄 그어둔 숲길 하나 못 남겼다

너덜로 흩어지고 굽이굽이 휘돌던 길
분간 없이 앞서가다 벼랑에 몰려봤고
정상을 눈앞에 둔 채 무릎 꿇은 날도 있다

이제 저 높은 산 더는 탐을 않으리라
먼 산이 품은 문장 그 또한 먼 산일 뿐
뒷동산 파란 풀밭에 아쉬울 것 없나니

동백꽃

발치에 뚝 떨어진
붉은 피 촉촉하다

꽃으로 피어난 죄
그래, 너는 죄인이다

눈부신 아름다움의
쓸쓸함을 누설한

남해 유자

몰아친 바닷바람 배겨내며 자란 얼굴
이글이글 뙤약볕에 초록은 얼룩지고
밤이면 다독여주는
달빛 따라 물든다

노랗게 익어가도 아직 때가 아니다
첫서리 받아내며 시린 몸살 앓고 나야
신맛을 감쌀 줄 아는
눈물 어린 향이 밴다

열쇠

달그락 문을 열던 기억마저 잠가둔 채
서랍장 구석에서 은신 중인 열쇠 하나
현관에 쓰던 것일까 손에 잠시 맡겨본다

번호키로 바뀌면서 주저앉은 열쇠처럼
세상의 문에 맞춰 깎아내고 다듬던 꿈
주머니 찔러 넣은 채
고개 숙인 젊은이들

내게도 열쇠 없어
헤매던 날 있었네
문 앞에서 돌아서던 바람 찬 날 있었네
사람이 열쇠인 것을 깨친 날이 있었네

퇴고

가슴을 떠도는 말 행간에 풀어놓고
한 줄 글이 되기까지 또박또박 딛는 걸음
나서면 글도 길이라 머릿속이 봇짐이다

생의 이면지에 적바림한 육필 자서
몸닦달 치르느라 갈겨쓴 지난날들
문질러 지운 발자국 다시 이어 길을 간다

무턱대고 살았는지 얼기설기 꼬여든 줄
매일의 행선에서 벗어나서 느릿느릿
한 발씩 풀어낸 다음 사려 감는 길을 간다

잠시 빛나던 날들

주위를 밝힐 만큼 환하진 않더라도
구두코 반짝이며 기뻐 걷는 길이 있어
생이란 빛이 나는 것이다 윤이 나는 것이다

서러움 타는 안개 달빛 아래 서늘한 밤
말없이 닦아내는 아내의 눈물 앞에
생이란 깊어지는 것이다 정을 쏟는 것이다

깨어진 아픔 안고 반짝이는 사금파리
한 그릇 눈부신 봄 가슴에 고이 담아
생이란 되새기는 것이다 맛 들이는 것이다

달그림자

늦은 밤
둥그런 달
환하니 외려 쉽다

너 혹시
혼자라고
외로움 타는 거냐

여길 봐
지상의 귀갓길
너와 함께 가는 것을

2부

부신 해에 가린 생

그날

백화점 여성 의류 판매 사원 이정아 씨

어두운 표정 한 채 손님을 맞았다고 고객 불만 접수되어 사무실로 바로 호출, 새파란 대리한테 상소리 들어가며 다신 안 그러겠다 시말서 쓰던 그날

홀로된 친정아버지 입원 소식 접한 그날

낮달

이 길을 너 만나러 실눈 뜨고 건너간다

넌 내가 휘영청 빛나기를 바라지만

한낮에 파리한 민낯 하릴없이 드러낸다

부신 해에 가린 생은 안 봐도 그만인가

밤이 주는 황금빛 꿈 난들 왜 없겠는가

어쩌랴, 비정규직의 맡은 역을 해낼 뿐

왜관성당 부근

–이중섭, 백년의 신화전

언덕 위 두 아이와, 뒤떨어져 걷는 여인
늘 함께 가고 싶은 가족들 모습일까
마음이 평화롭기엔 생이 너무 가파르다

간절히 바라보던 길은 점점 멀어지고
가난이 슬픔인 걸 눈물겨운 고독인 걸
팔레트 손에 쥘 때면 잠시나마 덜어낸다

지상을 서로 잇는 전봇대 앞 멈춘 사내
종탑 위 하늘 향한 십자가 바라보곤
진실로 사는 게 뭔지 홀로 곰곰 되묻는 듯

비도 아닌 눈도 아닌 그리움에 흐린 날씨
지키지 못한 약속 나뭇가지 끝에 걸고
붓 끝에 물감이 남아 허공에다 덧칠한다

포터

일행을 뒤따르는 히말라야 셰르파처럼
도시의 갖은 짐을 걸머지고 가는 사내
군살이 죄 빠진 몸피 걸음새 날렵하다

내 꿈은 버렸지만 딸애 꿈은 지켜주자
개당 구백 원씩 하나라도 더 날라야
지난달 생긴 빚 갚고 품에 넣는 지전 한 잎

하루치 택배 물량 포개 실은 일 톤 탑차
막힌 길 뚫고 나면 발로 뛰는 층층다리
서산에 해 떨어질 땐 몸도 기운 짐짝이다

언제쯤 날아갈 듯 홀가분한 날이 올까
히말라야 산 정상을 상상 속에 오른 모습
환호는 차마 못 하고
반듯이 잡는 핸들

깡깡이 아지매

깡깡 깡깡 두들기며 시름도 쪼아내고
깡깡 깡깡 깡만 남아 시계추로 내젓던 팔
사는 건 부단한 날갯짓
갈매기도 끼룩댔지

남정네도 두 손 드는 그 험한 망치질로
자식들 실어 보내 빈 배로 남은 노구
녹이 낀 만신창이는
누가 깡깡 해줄런가

조선업 맨 밑바닥 다지느라 깡깡 깡깡
아낙네 팔자타령 장단 넣어 깡깡 깡깡
저물녘 어두운 귓속
그 소리 떼 날아든다

미생未生

오전 열 시 체육공원
물구나무서는 청년

넘치는 힘
주체 못 해
세상을 번쩍 든다

허공을 더듬는 저 발

빈손 같다
쥘 것 찾는

물수제비

저수지 너른 곳간
가득 채운 물의 왕국

햇살이 비호하듯
수면 위를 반짝이고

목말라 뛰어든 돌멩이

몇 발자국
못 가네

농성

똑

똑

또옥

귓전 뚫고 가슴을 적신 타전

처마 끝에 매달렸던

물방울 떨어진다

보아라

눈물이 엉겨

웅덩이를 이룬다

탱자에게

백 일간 배롱나무 꽃 잔치 벌일 때도
청포도 탐스럽게 제 이름 내걸 때도
묵묵히 선 가장자리
가시 품고 지키던 너

촘촘히 들어선 방 고시원의 푸른 가슴
거두는 손길 없는 결실 앞에 숨죽인 너

향기만 진하게 깔려
찡해온다
코끝이

권 목수

내리친 망치질에 손가락뼈 부러지고
전동 톱이 입힌 흉터 옷소매로 가린 사람
뭔 생각 그리 많은가 걸핏하면 넘어진다

해준 거 하나 없이 딸 셋 다 잘 컸다고
귀만 보면 입이 근질, 딸 자랑 펼치는 그
잠자코 들어주는 게 덕을 쌓는 일이다

새아버지 손을 잡고 신부 입장 하던 큰딸
하객들 눈을 피해 먼발치서 봤다는 말
덕 쌓아 술친구 되니 술잔처럼 건네준다

후배

형님, 나 귀양 가요
작별 인사 던지던 그

자본주의 왕조에서 돈 떼이고 파산한 죄
삼족이 연좌될까 봐 이혼장에 도장 찍고

가진 것 죄다 털고
섬마을에 발붙인 그

날마다 아침이면 수평선에 뜨는 기쁨

귀양을 온 게 아니라
꼭 귀향한 맛이란다

그 밖의 여러분

달동네 아니라면 달세방 얻어 산다
궁티는 늘그막에 뱃심마저 앗아 가고
따스한 손만 닿아도 붉어지는 눈시울

대개는 아프거나 아픈 사람 끼고 있다
이래 살면 뭐 하겠노 그냥, 칵! 하다가도
머리맡 쌓인 약봉지 끼니만큼 챙긴다

중동 붐 한창 일고 신발 공장 호황일 때
되새기면 으쓱으쓱 살아나던 젊은 호기
흰소리 죽이 잘 맞던 술친구는 바삐 갔다

꽁무니에 달라붙은 여줄가리 되었다가
소수점 이하에서 관행처럼 잘린 호명
사람에 굶주린 이들, 사람을 앓고 산다

고슴도치

돋아난 이 가시로
너를 찌른 적은 없다

밟히지 않으려는 자존의 몸짓일 뿐

움츠려
죽은 척도 한다

산다는 게 그렇다

바닥論

1. 상床

다리가 휘어지게 구첩반상 올려봤다
애당초 단 한 번도 내 몫은 없는 차림
당신이 배 채울 사이
나는 슬슬 낡아간다

2. 도마

파 송송 썰 때에도 생선회 뜨는 날도
칼날을 받아내며 꼼짝 않고 지킨 일터
수고는 묻히기만 했다
공은 늘 칼의 차지

대빗자루

구석이 제격인지 거처는 늘 그 자리
일터로 나가서도 환대받은 적은 없다
서러운 눈칫밥 먹듯 이는 먼지 삼켰다

지난 걸음 돌아보면 귀얄무늬 지워진 길
바닥을 쓸어안고 모지랑이 되어갈 때
빗자루 하늘을 나는
꿈에 잠시 기댄다

무명씨

지하철 새벽 첫차를 타본 일이 있는가
분신 같은 낡은 배낭 무릎 위에 올려놓고
아쉬운 단잠 머금은 감긴 눈을 보았는가

말없이 두 눈 감듯 견뎌온 지난날이
모자에 가린 이마 주름살로 접혀 있다
고목의 수피를 닮은 거친 손이 피웠을 꽃

한 번도 하늘 높이 날아오른 적 없기에
어줍게 날아가다 날개 꺾인 적 있기에
반지하 둥지를 나와 새벽 첫차 타는 사람

3부

내 마음 양지바른 곳

청춘

제철이 지났다고 멀리 간 줄 알았더니
봄날은 제 속살을 여름에 내어주고
강가에 피어오르는 물안개로 서려 있다

쨍쨍한 불볕에는 산그늘에 들었다가
가을빛 길러 오는 바람 타고 넘나들며
땀방울 알알이 맺힌 벼 이삭을 치켜준다

품에서 자란 잎이 시든 모습 안쓰러워
서릿발 내리기 전 떠날 줄 알았더니
쌓이는 낙엽 더미 속 온기로 스며들고

성에 낀 창가에서 호호 불던 입김처럼
동장군 서슬에도 파릇파릇 돋아난 움
내 마음 양지바른 곳
못 잊어 봄이 온다

소나무

소나무는 누가 봐도 한눈에 소나무다
뒷동산 오솔길도 네가 있어 정이 가고
펀더기 모퉁이에는 너 있어야 태가 난다

마파람 부추기면 자아내는 송홧가루
화색이 도는 숲은 산새들 길러내고
황토는 솔씨를 품어 땅내 솔솔 풍긴다

가풀막 바위틈도 얼싸안은 붙임성에
다듬어 함초롬한 늘 푸른 그 몸가짐
온 산이 붉게 들뜰 땐 든든하게 받쳐준다

소나무는 언제 봐도 소처럼 듬직하다
외로 서 굽어져도 억척스레 견딘 날들
연륜이 한 아름 차면 혼의 숨결 깃든다

전업

놓칠까 꼭 쥔 밥줄 내려놓을 때가 왔다
이랴이랴 일소처럼 부릴 만큼 부린 어깨
이젠 좀 편히 살자고
그러자고 다그친다

짊어지고 온 것만은 내 것이라 믿었는데
품삯만 받아 쥐곤 짐꾼이 돌아선다
평생을 빈 몸으로 가는
바람의 말 듣는다

오래도록 어깨 위로 꾸역꾸역 몰린 무게
죽지가 닳고 해져 날지 못한 새가 운다
여태껏 다져온 시간
모래시계 뒤집는다

쑥

아지매 봄을 캔다
처녀 적 봄도 캔다

쑥물 밴 가난에도
웃을 일 참 많았는데

어느새 가슴속에는
그리움이 한 소쿠리

괜찮다

엔간한 건 다 이겨낸 경험에서 나온 말씀

섭섭해도 티 날까 봐 씩 웃으며 흘린 말씀

울 엄니 이 못난 자식 다독일 때 외던 말씀

영면

이제 별이 되려고 속말 다 비운 눈빛
잡은 손 쥐는 힘이 마지막 한 줌 같아
그대로 새어버릴까 한 손 마저 포갠다

지척은 아닐 테고 그럼 얼마나 멀까
먼저 떠난 어머니 찾으러 가시는 길
평소에 후하던 미소 벌써 챙겨 넣으셨나

바람도 잠이 든 밤 바로 그날일 줄이야
함께한 육십 년을 느낌표 찍는 눈물
아버지
부르지 않아도
가슴 온통 메아리

물뿌리개

네 꿈이
흠뻑 젖어
꽃으로 피기까지

이 한 몸
늘 기울여
아낌없이 부어주리

퍼내야
마르지 않는
내 영혼의 골짜기 물

신들의 조문

독경차 들른 스님 흰 고무신 다녀간 뒤

한둘 또는 삼삼오오 검정 구두 출두한다 번지르르 광나거나 안색 거의 잃었거나 고만고만하면서도 조금씩은 다른 면면 줄지어 들어서니 신발장은 만원이다 갖은 고초 겪은 티가 몸에 밴 안전화는 맨 구석이 편한 듯 모로 앉아 쉬고 있고 군화에 조깅화에 킬힐도 등장하고 뒤를 잇는 롱부츠는 제 알아서 큰절한다 돼지 수육 추가 주문 배달 온 스니커즈 바닥에 널린 신발 가로질러 건너가고 2호실 갈건을 쓴 상주의 슬리퍼가 1호실 꽉 찬 신발이 부러운지 쳐다본다

온전히 신을 벗은 이
신의 부름 받은 날

광안리

그곳에 가거들랑 바다만 바라보라
빼곡한 횟집들은 아니 본 듯 제쳐두고
수면 위 거대한 다리
없는 듯 살짝 잊고

바다도 긴 여정에 맨발 잠시 씻고 가는
내 안에 이는 파도 풀어놓기 딱 좋은 곳
넓고도 편안한 바닷가 거기 가면 듣는다

모래알이 품었다가 흘려보낸 흔적처럼
다시 또 차오르며 무늬 지는 물밑처럼
새롭게 써가야 할 생
다가오는 숨소리를

목욕

꽉 막힌 일상에서 벗어나고 싶을 때엔
옷이라도 훌훌 벗는 공중목욕탕엘 간다
샤워에 비누 거품 같은 잡생각 헹궈낸다

김 서린 거울 닦고 목 내밀어 마주하면
이마에 재여 있는 살아온 나날의 켜
빈 가슴 화선지 펼쳐 자화상을 그린다

다가올 낌새 없는 손길에 목이 말라
언제나 가려운 건 보이지 않는 등 쪽
저 뒤에 두고 온 사람 가물가물 가렵다

한증탕 열기 속에 흥건히 맺힌 땀이
일터의 땀과 달리 무위에 젖어들 때
발목에 족쇄처럼 찬 옷장 키가 보인다

뒷산에서

너 한낱 잡새인 건 네 이름 모른 내 탓
참샌가 긴가민가 참새만 한 녀석들이
아직도 우릴 모르셔 섭섭한 듯 날아간다

네놈이 무슨 새든 아무런 상관 없이
뒷산에 오른 지도 한 해 훌쩍 흐른 지금
새 따윈 알 바 없단 투 어느샌가 날아갔다

뻐꾸긴 뻐꾹뻐꾹 적적해 우는 게지
까악까악 까마귀는 늘 하는 투정일세
이제사 새로 보이는 새 이웃이 자꾸 는다

웃음 반창고

일회용 밴드 한 통 단돈 이천 원

절단된 왼 손목에 쉰 개들이 밴드 세트 보란 듯 꺼내 두른 한 사내 다가온다 요거 한 통이면 평생을 쓸 거라며 웃으며 다가온다 고통도 쑥스러움도 다 걷어낸 편한 얼굴, 참 밝다 저 웃음이 잃어버린 손의 부재 견디게 했으리라 포근하다 저 웃음이 상처 난 꿈 감싸던 반창고가 됐으리라 밴드를 내보이며 덤으로 주는 웃음 공으로 받으려니 슬며시 눈치 보여 가만있지 못하고 지갑에 손이 간다

약국엔 구할 수 없는 웃음 한 통 사고 만다

건배

손 놀릴 틈도 없이 입도 잠시 쉴 새 없이 저녁 겸 술손님들 북적이는 삼겹살집 목마른 오십 대 일행 늑대처럼 들어선다
공사장 옷차림이 한 걸음 앞장서고 왼발에 깁스하고 목발 짚는 사내 곁을 병치레 끝나지 않은 퀭한 눈이 부축한다

식탁 위 세상 물정 불판에 녹아들고 흰 바탕 선홍 무늬 눌면하게 구워지면 일행은 술잔을 치켜 꼭짓점을 찍는다
공사장 옷차림이 카! 하며 잔을 놓자 윗앞니 둘 다 빠진 잇바디 드러난다 산다고 찌든 얼굴들 웃음기 확 퍼진다

실연失煙

독이 될 줄 알면서도 번번이 사랑했다
달콤한 그 유혹에 음지 찾아 나눈 밀회
불장난 낙인의 눈총 뒤통수로 받아내고

아련한 첫 입맞춤 악연이라 해야 하나
젊은 날 끓는 가슴 늘 곁에서 맴돌았지
고뇌로 잠 못 이룬 밤 함께했던 널 보내고

더불어 내쉬던 숨 다 잊은 척 살다가도
결별했던 모든 것이 돌아서면 뵈는 나이
한잔 술 젖어든 날엔
한 모금의 그리움

티눈 이후

말단의 구석진 곳
더부살이 찌든 눈매
발등이 붓곤 하면 덩달아 아프던 너
늘 붙어 지내온 사이
한 몸이라 여겼는데

안전화 벗은 지도 해 가까이 흘러가고
손대면 빈자리엔 어렴풋이 도는 촉감

일터를 누비던 얼굴들
살붙인 양 느껍다

증도, 그 섬

—태평 염전

파도 다 내려놓고
바닷물 몸 푸는 곳

바람에게 묻지 마라
가는지 오는지를

뭍에서 가져온 시간
여기서는 쓸 일 없다

마음 졸여 소금 한 줌
거두지 못한 일상

느리게 흐르는 생
느릿느릿 좇아가다

돌아갈 길이 멀다고
선 채 그만 시겔 본다

묵향

서예전 참가 신청 아버지께 온 안내장
홀로된 후 십여 년 늘 잡다 놓으신 붓
어쩌면 간만의 출품 바라는 건 아니실까

써주신 입춘방도 무덤덤히 받았을 뿐
낙관 찍은 글씨 한 점 청한 적 있었던가
붓 세워 이겨내신 게 적막인 줄 알면서

아버지 곁에 앉아 먹이라도 갈아볼걸
미완의 유작인 양 창에 어린 나를 본다
어둠은 점점 짙어져 먹빛으로 물드는 밤

4부

기억도 정거장 있어

어떤 잠자리

팽목항 기사 담긴 신문지 덮어쓰고
지하도 한편에서 잠 못 드는 한 사내

이거 원
날도 따시고
술도 한잔 걸쳤는데

수영강

땅거미 가라앉아 어둠 짙게 물든 하구
강으로 저물어서 바다로 밝아올 길
강물아, 내일 아침엔 수평선이 보일 거다

강 건너 가로등이 낚싯대 드리운 밤
설레며 뒤척이는 물결이 입질한다
와 닿는 갯물의 짠맛 그게 바로 세상이다

말해볼까, 강을 떠나 내가 만난 그 바다를
암초에 부대끼고 풍랑 따라 뒹굴 동안
갈 길도 돌아갈 길도 해무로 뒤덮였다

물살에 떠밀려 간 여울목 소용돌이
부질없는 자맥질도 멈추어선 안 되는 것
제 한 몸 방파제 삼아 등대처럼 서야 했다

골절

늘 가는 길인데도 멈칫하고 물러서고
입가를 맴도는 말 한숨으로 흩어진다
아픔도 꼼짝 못 하게 깁스로 묶인 팔목

얼결에 넘어지고 일어나서 다시 본다
마침내 드러나는 오른손이 홀로 한 일
날마다 익혀두었던 그 손놀림 헛것인가

인연도 뼈 있다면 금깨나 갔을 거다
다가가 부여잡고 전해주지 못한 마음

내 힘이 미치지 않는
끊어진 길이 있다

낙석주의 구간

고요한 산중에서 묻혀 살던 작은 바위
입은 꾹 다물어도 귀는 늘 열려 있어
풍문을 새겨듣다가
금이 간 가슴 한쪽

굉음에 살을 떨며 흙먼지 일던 언덕
산허리 길 닦느라 발치 앞 다 깎인 후
세상은 가파르기만
꿈을 펼 수 없는 벼랑

꿋꿋이 버티는 게 능사는 아니었다
오래도록 발 담은 터 무너져 내린 그날
길 위에 풀썩 쓰러져
천더기로 내몰린 몸

삼랑진

막차를 보내놓고
기다렸음 와줬을까

입대를 이틀 앞둔
갈림길의 젊은 날

기억도 정거장 있어
비둘기호 잠시 멎네

부끄럼 타령

불현듯 부끄러워 머리 숙일 때가 있다

양복 소매 해졌다고 구두 밑창 닳았다고 부끄러울 것은 없고, 돈도 빽도 없는 놈이 간도 콩알만 하다고 머리 숙일 일은 없다 보다 나은 세상 위해 고뇌 한번 한 적 없이 얄팍한 정의감 명함처럼 내밀면서 입으로만 펼친 소신 부끄럽긴 하다마는 부끄러운 줄 통 모르는 저기 잘난 나리 덕에 내 부끄러움마저 무색해지다가도 월수입 칠십만 원 철가방 기부천사, 좌판 행상 평생 번 돈 탁 털어낸 할매 앞엔

도저히 고개 들 수 없는 부끄러움 몰려온다

서면 야곡

범내골 흐르는 내 덮어씌운 도로 위를
목마른 눈동자들 물터 찾아 헤매는 밤
거리엔 뒹구는 불빛 어둠 속을 핥는다

은하수도 복개되어 물길 잃은 밤하늘엔
별들은 서로 짠 듯 등화관제 들어가고
달무리 깃털만 남은 빈 둥지로 떠 있다

주점들 마구 뿌린 전단지 밟고 가며
어딘가 파란 풀밭 숨어 있을 것만 같아
지친 몸 쉴 곳을 찾다 더욱 지친 걸음걸이

저문 해 다시 돋을 먼동 아직 감감한데
절망 같은 비명 속에 신음으로 깔린 희망
도심의 불안을 싣고 앰뷸런스 질주한다

실종

한낮 빈 놀이터 깔린 적막 눌러 밟고
그네 앞 모래밭에 발을 묻고 있는 여인
달려와 안기는 것은 목쉰 바람 소리뿐

잃어버린 남자아이 목격자를 찾습니다
길가로 뛰쳐나온 간절한 마음 한 폭
현수막 바람의 전언 미어지게 듣는다

모든 게 반듯한데 혼자만 비켜선 듯
잠 못 들어 보채던 게 그리워 보채는 밤
환하게 드러난 빈방 차마 불을 못 끈다

티브이 속 흘러내린 여인의 눈물 너머
오래전 따라오다 길을 잃은 설움 하나
사느라 울음을 잊은
나를 찾고 있나 보다

귀소

가리라 꼭 가리라 머리맡에 두었던 꿈
하구를 거스르면 보일 듯한 강의 상류
바다는 고향을 향할 연어 떼를 기른다

가로막힌 댐 앞에서 길 잃고 뒤척인다
모천을 되새기며 손꼽은 지 육십여 년
저 북녘 품어온 눈빛
꺼져간다
점점 다

1592년 4월 15일

지하철 수안역* 내, 오랜 잠 깬 동래읍성
사백여 년 지난 날로 환승하는 구간 있다
묻혔다 출토된 상처
삭은 뼈로 만난다

내버린 주검 쌓여 무덤으로 변한 해자
구멍 난 두개골과 한참을 마주하고
녹이 슨 투구 앞에서 가슴으로 올리는 절

조총에 쓰러지는 활시위 당긴 병사
백성들은 왜적 향해 기왓장을 던졌다
초목도 눈 부릅뜨고 산새 슬피 울던 그날

전생인 듯 떠오르는 피로 물든 흰 저고리
단말마 신음 소리 들숨 따라 흘러든다
아픔도 선대의 유산
물려받고 여민 옷깃

* 2005년 부산 지하철 4호선 수안역 공사 현장에서 동래읍성 해자가 발굴되었다. 임진왜란 당시 희생된 수많은 인골과 다양한 무기류가 출토되었으며, 현재 수안역 지하 내부에 '동래읍성임진왜란역사관'이 있다.

평화의 소녀상*

끌려간 그날부터 너는 아픈 역사였다

곁을 꼭 지켜주자 마음 모아 정한 자리

또 한 해 저무는 땅에 별이 되어 와 앉는다

이제 너는 바람에도 꺼지지 않는 촛불

눈만 뜨면 생지옥 눈 감으면 고향 집 앞

빼앗긴 길을 건너서 맨발로 돌아온 너

* 부산 초량동 일본 영사관 앞에 설치된 소녀상.

도로반사경

쭉 뻗은 한길가엔 발붙일 자리 없고
조금씩 비켜서야 서로서로 지나가는
좁은 길 휘어진 모퉁이 홀로 종일 지킨다

보이지 않는 동안 다가오는 그가 있다
화풀이 돌팔매에 일그러진 날은 잊고
한순간 혹시 놓칠라 눈 감을 새가 없다

사람살이 굽이굽이 널려 있는 사각지대
맞은편 고루 비춰 함께 나눌 길을 두고
좌와 우 제 눈만 믿고 오며 가며 부딪힌다

복수초

저예요, 여깄어요
속삭이는 꽃을 본다

노오란 머리핀에
생긋 웃던 계집아이

산기슭 오막살이집
할머니와 둘이 살지

붉은 소나무

전동 톱 웅 웅 위잉!
숲 속의 울부짖음

붉어진 솔잎 위를 까마귀도 울며 날고
제 본색 잃어버린 몸
밑동 두고 쓰러진다

자꾸 막히는 물관
삭정이 느는 사연
세상은 병 깊어도 아파할 줄 모른다

이대로 더는 못 보네
혈서를 쓰는 청산

다시 사월

세상도 저 배처럼 가라앉은 지난 삼 년
그 세월 떠오른다 네 얼굴이 떠오른다
파도가 들이친 이후 가슴은 늘 바다였다

봄이면 피는 꽃이 생채기로 올 줄이야
꽃길을 걷던 네가 묻어둔 꿈 너무 깊어
바다는 바다인 것이 애가 타서 우는 달밤

삼년상 치른 뒤엔 뭍이 될 수 있으려나
바닷물 빠진 자리 뻘만 남은 가슴에는
곳곳에 조가비로 박혀 서걱이는 네 이름

5부

나 또한 내게 속았지

독백 1

제가 끼친 불효는 어찌 다 갚으리까

비나니 가시거든 이만치만 편하시길

꽃상여 타신 울 엄니 한숨 푹 주무신다

독백 2
– 데자뷔

동백이 제 꽃잎을 발아래 떨구는 걸
건너편 목련나무 꽃눈이 지켜본다

내게도 그런 날 올까
어렴풋이 돋는 아픔

독백 3
－나루

모처럼
마음나루
조각배가 닿았다

정처 없는 꽃바람과
눈 맞아 강을 건너

내 안의 또 다른 내가
어찌 사나 두고 볼까

독백 5

양산 가는 7번 국도
차량들 검문하듯

어느 날 가야만 할
그곳에서의 검문

내놓을 신분증 있나
머릿속을 뒤져본다

독백 6
－오아시스

책갈피 속 쪽지 한 장
오래전 나의 필적

그 다방이 있던 거리
그때 사귄 사람들

잊힌 채
메모로 남은
생의 갈피 읽는다

독백 7

빼곡한 서가에서 책을 꺼낼 때면 본다
이웃한 두서넛이 잇달아 기우는 걸

제 중심
허물어가며
덮어주는 빈자리

독백 9

밤길
한 사내가 내버린 담배꽁초

불꽃이 살아 있어 꾹 밟아 끄려다가

곁에서 잠시 지킨다

사라짐의 명멸을

독백 10
—옛날

주무실 손님이다, 아버지 한 말씀에
방 따로 내드리고 갈치잠 자던 식구

그때가 좋았다보담
뭐 그립다 그 얘기지

독백 11

한때 채여 넘어진 건 쨍쨍한 날이었다

우산 쓰고 걷다 보면 바닥에 젖는 생각

진창길 디디고 건너는 돌부리가 낯익다

독백 12

떨어진 밧줄 조각 뱀으로 본 철학자
내 눈이 날 속였다 그런 말 남겼다지

나 또한 내게 속았지
내 맘대로 속였지

독백 14
–사막

어린 왕자 말하기를
사막이 아름다운 건

어딘가에 우물을 감추고 있기 때문

세상이 아름다운 건
그런 사막 있기 때문

독백 15

넥타이 매는 동안 등 뒤에서 웃는 당신
거울 속 그 모습이 순식간에 사라지고

불현듯 언젠가 올 날
별똥처럼 스친 생각

독백 16

나이를 먹어가니 먼 데 것이 잘 보이고
가까워서 놓친 것도 뒤늦게 눈에 든다

시간이 물 흘러 깎아낸
다초점 생의 렌즈

독백 17

-암순응

생이 문득
눈앞에서 깜깜해질 때가 있다

뒤덮는 어둠에도
줄곧 버틴 빛이 있어

꿋꿋이 바라보는 동안
피어나는 네 얼굴

독백 18

흐르는 물줄기는
그냥 가라 보내놓고

나 이제 이쯤에서
쉬어 가도 되겠네

강가에 기댄 조각배
내려앉는 어스름

| 해설 |

사물들, 그 정신적 외피外皮

염창권 시인

"그들 앞에서 겸손을 배워야 했고 서서히 겸손해졌다."

—이광, 『시장 사람들』

1. 나는,

항상 너를 의식한다. 보이지 않을 때도 나의 내부 어딘가에 네가 존재하고 있음이다. 가끔씩 어두운 구석에서 네 존재가 피어오르는 것을 본다. 내가 너를 부르고 있기 때문이다. 이처럼 애절한 순간에도 너는 나를 알아차리지 못한다. 보이지 않는 먼 곳으로 떠난 것이다.

"인생에 대해 생각할 때 슬픈 것은, 그토록 많은 사람들이 조용한 상실quiet lostness 속에 산다는 것이다."

—키르케고르

그러나 내가 간절히 부름으로써 상실된 너는 내 현존의 틈 사이로 끼어든다. 내 의식 위를 떠돌면서 이전의 무엇이었다는 듯 반향을 일으킨다. 그렇지만 말의 문턱을 넘어서지 못한 채 이미지로만 떠돈다. 너는 나를 부를 수 없는 부재의 영역에 속해 있다.

띄엄띄엄 이어놓아 물길을 끊지 않고
흐르는 물도 비켜 길 한쪽 내어준다

여울진 생을 앞서간
그가 나를
부른다

—「징검돌」 전문

너는 나보다 먼저 걸어서 어디론가 떠나고 없다. "여울진 생을 앞서간" 끝에 "징검돌"과 같은 기표로만 떠돌고 있다. 그 의미를 찾아내는 건 남겨진 나의 몫이다. 물 흐름을 방해하지 않고 "띄엄띄엄 이어놓"은 길, 서로가 비켜선 듯 조금씩 이어놓은 그 길을 건너가야 한다.

경험 속에서는 사물들과 마찬가지로 너는 형상, 함께했던 일들, 표정과 같은 외적 기표인 이미지의 형태로 저장되어 있다. 그와 같이, 당신이 나를 지목할 때도 언제나 나의 겉껍질만 네 의식에 떠오른다. 당신의 슬픔에 연대하더라도 그 감각적 경험이 동일하지 않음은 존재 자체가 본질적으로 고독에 뿌리박은 개별자이기 때문이다. 시인이 민감한 감각으로 채집한 것일지라도, 그가 가진 슬픔은 언어를 통해 직접 전달되기보다는, 그와 유사한 수준의 상관물을 통해 간접적으로 매개될 수 있을 따름이다. 그는 얼마나 슬픈 것일까? 아픈 것일까? 그 감정의 강도를 전달하는 일은 불립문자에 가깝다.

> 동백이 제 꽃잎을 발아래 떨구는 걸
> 건너편 목련나무 꽃눈이 지켜본다
>
> 내게도 그런 날 올까
> 어렴풋이 도는 아픔
>
> —「독백 2—데자뷔」 전문

한쪽 꽃잎이 지고 있을 때, 다른 나무의 꽃눈이 그걸 지켜보고 있다. 죽음은 모든 존재자가 겪게 되는 한계상황이자 불안의 핵심 요인이다. 지는 꽃잎의 슬픔에 연대하는 것은 곧 나의 죽음을 예감하는 것이며, 상대의 슬픔으로 내 슬픔을 비춰보는 일이다. 그러나 어떠한 감각적 주체도 대상이 겪는 고통과 동일한 감각적 경험에 이를 수는 없다. "내게도 그런 날 올까"와 같은 예기감을 통해 실존적 고독을 되비춰볼 수 있을 따름이다.

빼곡한 서가에서 책을 꺼낼 때면 본다
이웃한 두서넛이 잇달아 기우는 걸

제 중심
허물어가며
덮어주는 빈자리
—「독백 7」 전문

한 존재는 다른 존재에 기대어 있다. 나는 너와의 관계를 통해서만 설 수 있으니, 너의 부재는 나의 중심을 무너뜨린다. "이웃한 두서넛이 잇달아 기우는 걸" 본다. 이때 "빈자리"가 생기면서 이웃한 책들이 균형을 잃게 된다. 이웃의 빈자리는 나에게 위기를 가져온다. 그런데 이 시조에서는 이러한 의미를 역전시킨다. "제 중심 / 허물어가며 / 덮어주는" 행위로, 사회적 연대를 이야기한다. 여기서 이웃의 빈자리는 내가 덮어주어야 할 나의 책임이다.

레비나스의 타자 윤리가 동정이나 연민과 같은 '타자의 휴머니즘' 안에서 책임을 나의 유일한 근거로 제시한다면, 바흐친의 타자 윤리는 책임 있는 사고와 행동이 '나'의 존재 이전에 이미 요청되어 있는 상태라고 한다. 레비나스의 '타자의 휴머니즘'이 반성적 사고에 호소한다면, 바흐친의 '타자 윤리'는 태어나면서 의무적으로 부과된 것이다.

작가 의식이 소시민들의 삶에 핍진하게 닿아 있더라도, 이들 삶의 조건에 대한 인식은 책임 있는 행동이나 보편적인 실존의 원리로 심화되어야 한다. 자칫 대상의 슬픔을 연민이나 동정으로 환원되게 되면, 그 슬픔은 자기 귀속적인 연민이나 위안과 같이 감상주의에 빠질 위험이 있다. 분노의 경우에도 자기 안에 투사될 경우엔 과도하게 분출되면서 무조건적인 혐오로 변질된다.

이광 시인의 작품 세계가 미더운 것은, 대상이 가진 슬픔을 값싼 동정이나 심미적 연민으로 환원시키지 않는다는 점에 있다. 나 또한 동일한 한계를 가진 존재이기에 너와 더불어 존재자로서의 현실을 참답게 인식하는 계기로 삼는 것이다.

살면서 실존의 지점을 되짚어보는 것은 중요하다. 차량이 검문소 앞에 서듯, 살아가는 일도 가끔씩 점검해보는 노력이 필요하다.

양산 가는 7번 국도
차량들 검문하듯

어느 날 가야만 할
그곳에서의 검문

내놓을 신분증 있나
머릿속을 뒤져본다
—「독백 5」 전문

자동화된 일상은 수동적이며 무의지적인 상태이다. 자각 없이도 일상은 영위되고 세월의 지층은 쌓여간다. 반성적 사유에 의해 촉발된 "어느 날 가야만 할 / 그곳"은 현실을 초월한 어떤 곳이다. 현실적 제약 요건이 통용되지 않는 곳이므로, "내놓을 신분증"은 참다운 실존을 통해서만 회복할 수 있다. "머릿속을 뒤져본다"고 했을 때, 실존적 공복감과 함께 자기 존재를 드러낼 수 있는 기표로서의 "신분증"은 무엇인지와 같은 질문에 닿게 되는 것이다.

2. 너의,

구체적인 현실은 삶의 조건에 대입되어 나의 실존을 각성시킨다. 생산—소비로 이어지는 메커니즘 속에서 인간은 기계와 같은 처지로 전락했다. 판매망의 순환 사이클은 잠시도 멈춤이 없어야 한다. 이와 같은 대량 소비의 사슬을 지탱하지 못하면 사회는 위기 신호를 보내오고 실물경제의 선순환 구조는 무너지고 만다. 이때 "판매 사원 이정아 씨"는 "친정아버지 입원 소식"과 같은 내적 고통에 처한다. 직접 가서 위로하고 또 위로받는 것이 도리이지만 물류가 이동하는 톱니바퀴에서 빠져나갈 수가 없다.

백화점 여성 의류 판매 사원 이정아 씨

어두운 표정 한 채 손님을 맞았다고 고객 불만 접수되어 사무실로 바로 호출, 새파란 대리한테 상소리 들어가며 다신 안 그러겠다 시말서 쓰던 그날

홀로된 친정아버지 입원 소식 접한 그날
—「그날」 전문

여기서 "이정아 씨"는 자신의 한계상황을 고스란히 받아들여야만 하는 약자의 처지에 몰려 있다. "판매 사원"은 급한 일이 있다고 해서 쉴 수도 없다. 뿐만 아니라, 자신이 처한 고통을 철저히 감추고 타인의 기쁨에 봉사해야 한다. 그러나 실존이 가져오는 고통은 어쩔 수 없이 "어두운 표정 한 채 손님을 맞았다고" 접수되어 시말서까지 쓰게 된다. 이처럼 지배 메커니즘으

로부터 자신을 분리해낼 수 없는 것이 우리의 현실이다. 판매원의 기능을 다하기 위해서는 개인적인 아픔은 내적으로 갈무리하고, 손님 앞에서는 위장된 정서로 행동해야만 한다.

그러면 참다운 사회적 실존은 어디에서 발생하는가? 그것은 메커니즘이 갖는 구속을 파악하고, 자신을 이로부터 분리시켜 스스로 변화를 이룸으로써 찾아낼 수 있다.

> 내리친 망치질에 손가락뼈 부러지고
> 전동 톱이 입힌 흉터 옷소매로 가린 사람
> 뭔 생각 그리 많은가 걸핏하면 넘어진다
>
> 해준 거 하나 없이 딸 셋 다 잘 컸다고
> 귀만 보면 입이 근질, 딸 자랑 펼치는 그
> 잠자코 들어주는 게 덕을 쌓는 일이다
>
> 새아버지 손을 잡고 신부 입장 하던 큰딸
> 하객들 눈을 피해 먼발치서 봤다는 말
> 덕 쌓아 술친구 되니 술잔처럼 건네준다
>
> —「권 목수」 전문

이 시에서 권 목수는 "뭔 생각 그리 많은가 걸핏하면 넘어"지는 사람이다. 실수가 많은 것처럼 실없고 허술한 사람이다. 그는 가족으로부터 소외되어 있는 상태이다. "큰딸"의 손을 잡고 "신부 입장"을 함께하는 사람은 "새아버지"이다. 그는 숨어서 지켜보다 돌아오지만, "딸 셋 다 잘 컸다고" 자랑이다. 여기서 그의 실존은 어떻게 설명될 수 있을까? 우선 가족들은 그의 참여를 원치 않는다. 철저히 소외된 상태이며, 그들에 대한 책임도 없다. 그는 고독에 처했으나, 딸들은 스스로 성장한다. 완전한 고독은 아니다. 이때 시적 화자는 스스로를 개방하는 방식으로 "잠자코 들어주는"데, 이를 통해 "권 목수"는 위안을 받게 되고 덜 고독한 상태에 이른다. "권 목수"의 고독은 누군가와 함께 나누어짐으로써 강도를 약화시킬 수 있으니, 이에 대한 보답으로 권 목수도 자신을 개방하게 된 것이다.

3. 삶의,

조건들이 소시민들에게 밀어닥칠 때는 언제나 제약 요건이 강화되어 있다. 일터는 전쟁터와 같이 살벌한 기계 노동을 강요한다. 그 과정에서 손목이 절단되고 다리를 다치는 사고가 일어난다. "동시대를 사는 사람들의 아픔을 직시해야 한다고 생각하며 나의 창작 행위는 가난한 약자의 자리를 출발점으로 삼았다"(이광)라고 했을 때조차, 나의 힘으로 그 제약 요건을 타개하기란 여간 힘든 것이 아니다.

현실에 대한 완전한 부정은 삶으로부터의 도피일 것이다. 현실은 여전히 삶을 구속하는 제약 요소이지만, 그조차도 내 실존의 한 부분이고 점차 극복해가야 할 대상이다.

> 일회용 밴드 한 통 단돈 이천 원
>
> 절단된 왼 손목에 쉰 개들이 밴드 세트 보란 듯 꺼내 두른 한 사내 다가온다 요거 한 통이면 평생을 쓸 거라며 웃으며 다가온다 고통도 쑥스러움도 다 걷어낸 편한 얼굴, 참 밝다 저 웃음이 잃어버린 손의 부재 견디게 했으리라 포근하다 저 웃음이 상처 난 꿈 감싸던 반창고가 됐으리라 밴드를 내보이며 덤으로 주는 웃음 공으로 받으려니 슬며시 눈치 보여 가만있지 못하고 지갑에 손이 간다
>
> 약국엔 구할 수 없는 웃음 한 통 사고 만다
>
> —「웃음 반창고」 전문

"손목"이 절단된 "사내"는 "쉰 개들이 밴드 세트 보란 듯 꺼내 두"르고 있다. 평생 쓸 만한 분량이 "단돈 이천 원"이다. 구걸하듯 파는 것이 아니라 이익 보는 셈이니 사라는 뜻이다. 그는 웃음으로 상처의 내력을 가리고 있으나, 그 상실감이나 곤궁함까지 다 감추어진 건 아니다. "고통도 쑥스러움도 다 걷어낸

편한 얼굴"이 되기까지 얼마나 많은 회오의 시간들이 닥쳐왔을까. 웃음은 비정한 현실을 잠시간 희화화하며, 동정이나 위협감보다는 친근성에 호소한다. 즉, 이웃인 타자에 대한 관심을 촉발하는 장치이다. 그를 보면서 "손의 부재"를 함께 앓는 순간, "약국엔 구할 수 없는 웃음 한 통"을 받아 들게 되는 것이다. 이처럼 타자의 슬픔이 주체로 이전되기 위해서는 상호간에 연대가 이루어져야 한다. 이 시조에서 함축된 슬픔을 감지할 수 있는 것은, 타자의 상실감이 주체로 이전되면서 공허감이나 아픔의 상태에 놓이기 때문이다.

몸의 역사성을 떠올릴 때, 몸에 덧씌워진 시간성을 비켜 갈 수 없다. 몸의 관찰자는 반드시 먼저 몸의 시간을 확인하지 않으면 안 된다. 오늘의 나는 어제와 다르지만, 오늘의 몸은 어제의 기억을 연장함으로써 정체성을 형성하는 요소가 된다.

손 놀릴 틈도 없이 입도 잠시 쉴 새 없이 저녁 겸 술손님들 북적이는 삼겹살집 목마른 오십 대 일행 늑대처럼 들어선다
공사장 옷차림이 한 걸음 앞장서고 왼발에 깁스하고 목발 짚는 사내 곁을 병치레 끝나지 않은 퀭한 눈이 부축한다

식탁 위 세상 물정 불판에 녹아들고 흰 바탕 선홍 무늬 눌면하게 구워지면 일행은 술잔을 치켜 꼭짓점을 찍는다
공사장 옷차림이 카! 하며 잔을 놓자 윗앞니 둘 다 빠진 잇바

디 드러난다 산다고 찌든 얼굴들 웃음기 확 퍼진다

—「건배」 전문

이 시에 등장하는 일행의 나이는 "오십 대"이다. 더구나 목마른 늑대와 같다. 삼겹살에 술이 목마르다. 왜 목마른가? 공사판에서 막 돌아왔거나 금주의 기간이 겹쳤기 때문이다. 이 시의 서사는, '술집 앞 → 일행의 모습 → 식탁 위 불판 → 내려놓는 잔'과 같다. 이들이 벌이는 술판에 "눌면하게 구워지"는 삼겹살과 세상 물정이 있다. 세상살이가 호락호락하지 않았음은 병들고 찌든 몸이나 얼굴을 들여다보면 알 수 있다. 세상을 안줏감으로 씹으려 해도, 늙어서 이빨이 빠진 호랑이나 다름이 없다. 이들의 모습이 악의에 물들지 않고 선량하게 비춰지는 이유이다. 그중에서도 "공사장 옷차림"이 주도적인 것은 몸으로 생산현장을 감당하고, 임금의 일부나마 축을 내어 친구나 이웃을 부를 수 있기 때문이다.

'공사장 옷차림, 목발 짚는 사내와 이를 부축해주는 퀭한 눈'을 가진 인물들은 나의 평등한 이웃이고 또 다른 나의 모습이다. 등장인물 세 명을 희화화한 것은 수평적 관계에서 이들의 생활상을 묘사하고자 함이다. 여기서 작가 의식이 드러난다. 조망적 관점에서 사회적 약자 취급을 하고 동정심을 나타낼 수 있으나 이는 참다운 타자 이해의 방법이 아니다. 그들은 나의 친구이자 함께 가야 할 평등한 이웃들이다.

이들 작품에서 보듯이, 이광의 시조 세계는 리얼리즘에 바탕을 두고 있음을 알 수 있다. 그의 상상력은 두 가지 측면에서 새로운 가능성을 보여주는데, 하나는 타자 이해의 과정이 허구적인 상상의 산물이 아니라 생활 체험을 통하여 찾아낸 것으로 내용 면에서 진정성을 확보하고 있다는 점이다. 다른 하나는 선언적인 자기주장이나 비판에 함몰되지 않고, 타자 이해에 근거하여 상징적 의미로 심화하는 데 주력하고 있다는 점이다. 이러한 특징적인 국면을 통해, 시에서 교술성이 직설적으로 노출되는 것을 극복하고 이미지가 내포하는 의미를 심화시킨다.

4. 사물은,

모두 나름의 표정을 지니고 있다. T. S. 엘리엇이 언급한 객관적 상관물이란, "시에서는 사상과 정서를 그대로 드러낼 수 없으므로 어떤 사물이나 정황 또는 일련의 사건을 발견해서 표현"하는 것을 말한다. 따라서 시인의 사상과 정서는, 그 상관물(대상)이 가진 '이미지, 사건, 상징' 등을 통해 구현된다. 시인이 찾아낸 사물의 표정은 상관물로서의 정신적 외피라 할 것이니, 시를 읽을 때는 그 표정을 통하여 내부에 깃든 정신과 마음을 느끼는 것이 중요하다.

구석이 제격인지 거처는 늘 그 자리
일터로 나가서도 환대받은 적은 없다
서러운 눈칫밥 먹듯 이는 먼지 삼켰다

지난 걸음 돌아보면 귀얄무늬 지워진 길
바닥을 쓸어안고 모지랑이 되어갈 때
빗자루 하늘을 나는
꿈에 잠시 기댄다
―「대빗자루」 전문

"대빗자루"가 구석에 멀쑥하게 세워진 모양이 일터에서 쫓겨난 노동자와 같다. 애써 걸어온 "지난 걸음 돌아보면", "귀얄무늬"로 뭉개진 길만 남아 있다. 생산 현장에서는 지금 현재의 용도 파악이 중요할 뿐, 개인적으로 쏟아온 헌신의 발자취는 기억조차 어렴풋해진다. 여기서 "빗자루"는 일터에서 환대받지 못하는 일꾼을 나타내는 환유물이다. 끝이 닳고 닳아 댓가지의 근골만 남은 몽당비는 조금씩 몸의 용도가 소모되면서 구석으로 밀려나 "서러운 눈칫밥 먹"는 신세로 전락하고 만다.

인격적 속성이 부여된 "대빗자루"는 몸으로 일용할 양식을 삼았던 노동자의 소모된 현실을 나타내는 객관적 상관물이다. 이처럼 그의 시에 등장하는 사물들은 환유나 상징으로 작동되면서 실존 의식을 심화한다.

백 일간 배롱나무 꽃 잔치 벌일 때도
청포도 탐스럽게 제 이름 내걸 때도
묵묵히 선 가장자리
가시 품고 지키던 너

촘촘히 들어선 방 고시원의 푸른 가슴
거두는 손길 없는 결실 앞에 숨죽인 너

향기만 진하게 깔려
찡해온다
코끝이
—「탱자에게」 전문

「탱자에게」에서 "탱자"는 고시원 수험생이 겪는 아픈 현실을 은유하는 사물이다. 촘촘한 가시 사이에서 익어가지만 눈길을 주거나 거두어 가는 손길이 없다. 여기서 탱자가 가진 이미지는 고립적이면서도 한편으로 방어적이다. 선택받고자 하는 안간힘으로 진한 향기를 풍기면서 존재를 밝히고 있지만, 결국에는 무력한 시간의 증거만을 제 발등 위에 남기게 되리라는 한계상황을 예감한다. "탱자"로 호명된 이상 출생 근본을 넘어서지 못한다는 숙명적인 한계가 고시원 수험생에게 덧씌워지면서 공감을 이끌어낸다. 끝에서 "찡해온다 / 코끝이"와 같이 페이소스를 내색하는 것은, 유보되었던 정서적인 결을 종장에서 폭로함으로써 극적인 효과를 거두기 위함이다. 이는 이광의 시조에서 특징적으로 나타나는 시 문법poetry grammar이라 하겠다.

5. 한 개의,

핵심적인 사물만으로 전체의 의미를 한 덩어리로 만들 수 있다. 이 경우에는 한 개의 이미지가 글을 지배하게 되는데, 그 이미지는 상징으로 작용하면서 전체 서사의 개념어가 된다. 즉, 상징적 이미지가 된다. 시조 창작에서 하나의 새로운 상징을 발견하거나 표현하려는 노력은 시조 발전의 핵심 역할을 할 수 있다.

「농성」과 「현관」에서, 제목은 상징적 이미지이자 전체 의미를 통어하는 지배소이다.

똑
똑
또옥

귓전 뚫고 가슴을 적신 타전

처마 끝에 매달렸던
물방울 떨어진다

보아라
눈물이 엉겨
웅덩이를 이룬다
—「농성」 전문

"처마 끝에 매달렸던 / 물방울"이 떨어져서 "웅덩이를 이룬다". 자세히 살펴보면 물방울은 처마 끝을 붙들고 매달려 있다. 그러나 "가슴을 적신 타전"에 그만 맥을 놓고 떨어져서 웅덩이를 이루니 눈물 웅덩이나 다름이 없다. 이 시조에서 농성 현장은 구체적으로 묘사되지 않는다. 그러나 안간힘으로 버티다가 물러서고 마는 좌절된 심리적 정황이 이 물웅덩이를 통해 절실하게 전달된다.

이와 같은 방식으로 "현관"은 집 밖의 거친 풍랑의 현장으로 나서는 "작은 선창"과도 같은 곳이다. 돌아와서는 배를 댈 곳이다.

문밖엔
늘 헤쳐 온 파도가 넘실댄다

바다도 뭍도 아닌

여기는 작은 선창

그물질
지친 몸 부릴
배를 댄다

집이다
—「현관」 전문

현관은 집의 요소 중에서도 도착했을 때의 안온감을 가장 확실하게 보여준다. 따라서 현관에 도달하기 전까지는 아직 집에 도달한 것이 아니다. 현관 앞에서 고꾸라져 잠든 술꾼의 예는, 집의 장소성 중에서 가치가 높은 곳이 현관임을 말해준다. "배를 댄다 // 집이다"라고 했을 때, 이미 심리적으로 집 안에까지 다다른 것이다. 집과 배턴 터치를 하는 곳이 현관인데, 그 터치의 순간에 바깥이 무화되면서 휴식의 몽상에 잠기게 되는 것이다.

기상氣象 조건도 삶의 표정이나 관념을 구체화하는 비유로 활용되이 있다. 표제작인 「바람이 사람 같다」에서 "바람"의 특성과 인간적 속성은 등가적 관계이다. "바람이 사람 같다"라고 했을 때, 정주하기 힘든 인간 삶의 양상을 바람에 이입한 것이다.

신명은 어찌 못 해 산에 들에 죄다 풀고

부아가 치밀 때면 회오리 들이민다

사람이 그리운 날은 애먼 창만 두드린다

때로는 갈 데 없는 떠돌이로 터벅댄다

너 떠나 텅 빈 길을 구르는 가랑잎이

바람의 발꿈치인 양 가다 서고 가다 선다
—「바람이 사람 같다」 전문

그의 시 중에서도 이 작품은 심리적인 질곡이 두드러지게 나타나는 특별한 경우이다. 즉, '신명', '부아', '그리운', '떠돌이', '텅 빈' 등의 시어들은 바람에 이입된 심리적 정황으로 심한 혼란과 좌절을 표상하고 있다. 인생살이가 예측한 대로 순탄하게 진행되지 못했을 때, 바람의 행적과 같이 무질서하고 허랑하게 느껴질 것이다. 주로 촉각에 호소하는 바람은, 눈에는 보이지 않으나 스쳐 가는 대상을 통해 간접적으로 지각된다. "너 떠나 텅 빈 길"에서 바람이 갈피를 잃는 것은, 내 마음이 닿아야 할 "너"가 떠나고 없기 때문이다. 그러므로 의미의 핵심은 "너"에게 가 닿고자 하는 나의 갈망과 몸부림이다. 즉, "너"의 부재로 인한 그리움이다. 바람이 그걸 일깨워 준다.

일전에 필자는, 이광 시인의 발표작 「성냥」에 나타난 물질적 속성을 내화耐火하는 "건조한 불"의 상태로 추상한 바 있다. 그 뜨거움과 견고함은 대상에 대한 가치판단을 종장에 이르기까지 지연시킨다. 뜨거운 불기운이나 축축한 물기는 종장에서 극적으로 표출된다. 종장에서 갑자기 페이소스가 짙게 드러나는 것은 이와 같은 창작 방식에서 기인한다. 이는 3장의 의미 결속을 강조하는 시조 창작에서 매우 값진 것으로 보인다. 미리 선언하고 안내하는 서술 방법은 형식적 절약을 요청하는 시조 창작에서 피해 가야 할 지점임을 잘 알고 있는 것이다.

이번 제3시집에 이르기까지 이광 시인이 보여준 성과는 시조 형식에 대한 적확한 인식과 함께 리얼리즘에 바탕을 둔 투철한 작가 의식이 바탕이 되었다고 본다. 그동안의 성취에 박수를 보내면서, 앞으로의 시작이 더욱 빛나는 이미지와 상징으로 채워지기를 기원한다.